AF585850

# Réponse au prétendu Rapport du Président du G^nd Conseil adressé à toutes les Sociétés sous la Juridiction de ~~cette~~ Administration par la Commission nommée pour la révision du Règlement.



Messieurs & bien Chers Collègues

Nous avons été, ainsi que vous le savez, nommés par une délibération de l'Assemblée Générale du 25 Avril 1875, membres d'une Commission chargée d'étudier et de proposer des modifications au Règlement du Grand Conseil

Nous avons procédé à l'accomplissement de notre mandat après nous être divisé en sous comités, et nous avons adopté à la majorité de 19 voix contre une abstention le projet de règlement qui a été soumis à l'Administration du G^d Conseil, dans sa séance du 24 Janvier dernier & dont l'impression a été votée.

A ce projet était joint un rapport de Monsieur Germain Membre de la Commission de révision qui déjà avait démontré dans un travail approfondi la nécessité de mettre les Statuts du Gnd Conseil en harmonie avec les besoins et les aspirations de la mutualité. Il eut été logique de faire imprimer ce rapport qui était le corollaire du règlement, puisqu'il contenait la discussion de chaque article et indiquait les motifs des modifications proposées. Le bureau du Grand Conseil a décidé qu'il n'y avait pas lieu de le livrer à la publicité, sous le prétexte qu'il était une diatribe violente & calomnieuse contre l'Administration.

Mais, en même temps que l'on écartait le rapport, on votait l'impression d'un Contre-projet qui était l'œuvre personnelle du Président du Gd Conseil, bien qu'il fût présenté par l'Administration. L'Assemblée Générale aura à examiner si ces frais d'impression doivent être admis. Nous ne le pensons pas. Il n'appartenait pas à l'Administration d'opposer un projet à celui de la Commission de révision. Dans cette matière, on ne peut que proposer des amendements dans l'Assemblée Générale convoquée pour l'examen du Règlement projeté. C'est donc sans droit aucun que le Conseil d'Administration a présenté un Contre-projet et c'est sans droit aussi qu'il en a voté l'impression. Tout cela a de la gravité. On ne peut pas disposer des fonds sociaux pour satisfaire une rancune, et surtout il n'est pas permis d'entraver une Commission nommée par une Assemblée Générale dans la manifestation de son opinion et de sa conviction. Cette manière de procéder n'est pas convenable et de plus elle n'est pas digne d'une Administration qui doit donner l'exemple du respect que l'on doit aux décisions de ses membres adhérents puisqu'elle rend la justice et prononce des sentences devant lesquelles on s'incline.

Mais, l'Administration du Grand Conseil ne s'en est pas tenu à cet acte. Elle s'est refusée à convoquer une Assemblée Générale pour examiner et discuter le projet de règlement élaboré par la Commission. Le Président avait cependant promis sur sa parole d'honneur qu'on examinerait la question de révision avant de procéder aux Élections annuelles pour le renouvellement du Bureau. C'était d'ailleurs la pensée de tous ceux qui avaient admis le principe de la révision.

Il était rationnel en effet de discuter les modifications projetées avant de nommer l'Administration, parceque le projet contenait des changements essentiels en ce qui concernait le mode d'élection, le fonctionnement du bureau et les pouvoirs présidentiels. On n'a tenu aucun compte, ni de cette raison grave, ni de la promesse qui avait été faite, et on a convoqué l'Assemblée Générale pour le 27 Février à l'effet de procéder aux Elections. Dans l'ordre du jour arrêté par le Président et indiqué au bas de la lettre de convocation, il n'était question de la révision du Règlement qu'à la fin et pour la forme seulement.

Les Sociétés et les Membres de la Commission furent étonnés de cette manière d'agir. On fut aussi très surpris que cette réunion ait été fixée au 27 février, au lieu de l'avoir été au 20 qui était le 3me Dimanche de février, jour indiqué par l'Article 7 du Règlement pour les Elections annuelles. Le Conseil avait cru devoir prononcer un renvoi à huitaine à cause des Elections législatives. Le motif indiqué était mauvais. La politique est avec raison complètement interdite aux Sociétés de Secours mutuels d'après les Règlements de toutes les Sociétés, et en fait elle est étrangère au choix des Candidats appelés à composer les Conseils d'Administration ?

Les Elections politiques ne pouvaient donc exercer aucune influence sur celles du Grand Conseil. Pourquoi alors cette crainte de la part du bureau ? c'est bien simple. Ces Messieurs craignaient que certains Sociétaires fussent empêchés de venir voter pour eux ce jour là ; car le mobile qui les pousse & les fait agir en toutes choses, c'est d'assurer leur réelection et de se perpétuer dans le Conseil d'Ad^tion, pour le plus grand bien des Sociétés, cela va sans dire ; et non par ambition ou dans un intérêt personnel.

Mais, en agissant ainsi, le Conseil d'Administ^tion a contrevenu aux statuts, et ce fait doit avoir pour conséquence de vicier l'Assemblée générale du 27 février et toutes les opérations qui ont eu lieu. Les Membres du bureau ayant en effet cessé leurs fonctions depuis le 20 du dit mois de février ne pouvaient plus siéger en leur qualité. Il aurait fallu faire nommer par l'Assemblée Générale une Commission à l'effet de présider aux Elections et à tous les actes auxquels il a été procédé, ou tout au moins le bureau aurait dû demander la prorogation de ses pouvoirs. Le Conseil d'Administration n'a fait aucune de ces deux choses et a trouvé commode de proroger de lui même ses fonctions.

Cette irrégularité n'est pas la seule qui se soit produite. D'autres qui sont beaucoup plus graves ont eu lieu à l'occasion des opérations électorales.

1° On a trouvé dans l'urne trois bulletins en sus des émargements. Il a été constaté en effet qu'il y avait eu 163 Votants et le dépouillement du Scrutin a donné 166 Votes.

2° Deux Présidents se sont fait représenter au Scrutin par leurs Vices-Présidents. En outre le Président & le Syndic d'une Société ont fait voter à leur lieu et place leur Secrétaire & leur Trésorier;

3° On a admis à voter deux Sociétaires qui se sont présentés après la clôture de l'appel nominal et au moment où l'on procédait au dépouillement de l'urne.

Ces faits qui ont été constatés d'une manière irrécusable et ne sauraient être d'ailleurs méconnus par le Conseil d'Administration dans sa loyauté, sont d'autant plus graves que cinq Membres de l'ancien bureau ont eu seulement une voix en sus de la majorité absolue et deux autres deux voix. Quant aux trois Conseillers qui ont obtenu, le 1er 165 voix, le 2e 163 et le 3ème 101, ils ont donné leur démission à cause des irrégularités constatées. Ce sont MM. Rougier, Bouès et Ségalas. Mr Rougier qui avait obtenu l'unanimité des suffrages, ce qui fait son éloge, a écrit une lettre motivée dans laquelle il proteste énergiquement contre la fraude qui a été constatée.

En l'état, plusieurs Sociétaires ont protesté, quelques-uns même ont demandé à l'Assemblée Générale de statuer séance tenante sur les griefs articulés ci-dessus et d'annuler les Elections. Sur quoi, Mr le Président a jugé à propos de se couvrir et de lever la Séance, sans même épuiser l'ordre du jour.

En se retirant, il a cependant dit que l'on pouvait protester.

C'est ce qui a été fait sans désemparer.

Quelques jours après, on a fait signifier au Président, en sa qualité, par le Ministère de l'huissier

Delhomme, un acte protestatif lui faisant savoir qu'on allait se pourvoir par toutes les voies de droit à l'effet de faire annuler l'Assemblée Générale du 27 février ainsi que les Elections auxquelles il avait été procédé.

En conformité de cette déclaration, on a adressé à Monsieur le Préfet des Bouches-du-Rhône une requête signée par 70 Présidents ou Syndics de Sociétés placées sous la juridiction du Grand Conseil. Ces signatures n'ont pas été sollicitées à domicile, comme on l'a insinué, et ont été apposées spontanément. La violation du scrutin a produit un grand scandale dans les Sociétés, et ce fait seul aurait décidé un plus grand nombre de Sociétaires à signer le mémoire, si on n'avait pas voulu saisir sans retard l'autorité administrative.

Les protestataires que Mr le Président persiste à appeler les opposants, attendent avec une ferme confiance la décision que doit rendre l'Administration Supérieure qui est la protectrice naturelle et légale des Sociétés de Secours Mutuels.

Le bureau du Grand Conseil ne semble pas avoir une foi aussi robuste, et ce qui le démontre, c'est le rapport qui a été adressé à toutes les Sociétés par son Président. Dans ce Factum qui est tout à la fois un panégyrique pompeux du Grand Conseil et un réquisitoire violent contre ceux qui prétendent qu'il est susceptible d'améliorations, comme toutes les Institutions humaines, il n'est pas dit un mot des griefs qui ont fait l'objet de la protestation à l'Autorité.

L'Auteur ne discute pas les faits incriminés et n'oppose aucun argument à ceux qui ont été indiqués dans l'acte extra-judiciaire. C'était le cas cependant de tenter une justification, ce qui n'était pas facile il faut bien en convenir. Son silence sur ce point est donc un aveu qu'il n'a rien à dire, en vertu de l'adage: « Qui ne dit rien consent. » Ce qui confirmerait en quelque sorte cette observation, c'est qu'il se borne à déprécier dans l'esprit des Sociétés ceux qui demandent des réformes utiles et à les représenter comme des ambitieux voulant renverser l'Administration à leur profit. C'est le but unique de sa publication et de tous ses efforts.

On dirait en vérité que le Conseil prépare son élection, en prévision de l'annulation de celle qui a eu lieu le 27 Février.

Cette brochure de 32 pages imprimée sans droit comme le contre-projet aux frais du G.nd Conseil n'a été écrite et publiée que pour défendre les Candidatures de ces Messieurs.

Dans le préambule, M.r le Président monte sa lyre et chante les louanges de l'Administration du Grand Conseil, à l'entendre, tout ce qui existe dans les Sociétés de Secours Mutuels, toutes les Institutions utiles à la mutualité, même les modèles de formules adoptées par le Ministère de l'Intérieur, tout cela a été créé ou proposé par cette Administration.

Il se brûle ensuite de l'encens à lui même à l'occasion de la Pharmacie spéciale dont il s'attribue presque la paternité, ce qui donnerait plusieurs fondateurs à cette œuvre philantropique. Il revendique le mérite d'avoir fait adopter par cet Etablissement une lingerie qui, soit on dit en passant n'a jamais été acceptée par le Conseil d'Administ.tion. Quelle modestie! on en jugera.

Après ce lyrisme et ces vapeurs d'encens, le ton change complètement. Il devient plaisant, badin, railleur; puis, il tourne à la causticité, à l'ironie, à l'aigreur; enfin, il s'enfle et s'élève jusqu'à l'éloquence la plus véhémente et la plus indignée. L'écrivain dans sa fureur attaque la Commission et surtout son rapporteur. Il prétend que c'est la jalousie qui les inspire et il prononce même le gros mot de guerre.

La Jalousie! Pourquoi ce sentiment se serait-il emparé de nos esprits et de nos cœurs? Plusieurs d'entre nous ont eu l'honneur de faire partie du Gd. Conseil et en sont sortis en vertu des Règlements. Ils n'ont donc aucune raison d'être jaloux.

La Guerre! qui l'a suscitée et qui la soutient? n'est-ce pas le Gd. Conseil? Nous en trouvons la preuve (7) dans la résistance acharnée qu'il a apportée à la révision du Règlement et dans les difficultés de tous genres qu'il a occasionnées depuis l'Assemblée générale à la Commission dont nous faisons partie.

Mais l'Administration se mettant en contradiction avec elle-même a fini par reconnaître que ce Règlement modèle et unique dans son genre devait être cependant modifié, puisqu'elle propose le changement de 10 Articles. Il est vrai que les modifications telles que les veut le Conseil sont très discutables et semblent avoir été proposées dans un intérêt tout personnel. Néanmoins ce fait confirme d'une manière éclatante que la révision du règlement avait été inspirée par l'intérêt des Sociétés et non par un sentiment d'hostilité envers l'Administration.

Il serait inutile de discuter ici le Contre-projet présenté par le Conseil, comme il serait superflu de revenir sur le rapport de Mr. Germain. Par conséquent nous ne répondrons pas à Mr. le Président qui s'est institué le rapporteur perpétuel du Conseil, ce qui est peu flatteur pour les Administrateurs, et surtout nous ne le suivrons pas dans le libellé qu'il a publié sous forme de rapport.

Quant aux récriminations malveillantes et aux attaques blessantes dirigées contre notre honorable rapporteur, nous ne prendrons pas la peine de les réfuter, nous en rapportant complètement au bon sens et à l'impartialité des Sociétaires pour en faire bonne justice. A eux d'apprécier où se trouvent la <u>jalousie</u>, <u>l'animosité</u> et <u>l'ambition</u>!

C'est par les actes surtout que l'on juge les hommes. Ils ont les nôtres sous les yeux et ils pourront facilement juger en connaissance de cause

Mais, il nous importe de répondre à un reproche qui nous est adressé à deux reprises dans le but de nous représenter comme des gens faisant bon marché de la morale et de l'honneur.

Le Président-rapporteur, à la page 17, appelle l'attention sur la suppression que la Commission a cru devoir faire de l'Article 27 de l'ancien Règlement qui exclut du Gd Conseil les Condamnés, les ivrognes, les gens d'une inconduite notoire, les faillis etc. etc. « elle veut, dit elle, fermer la porte « aux ambitieux et elle commence à l'ouvrir aux hommes « tarés. l'Administration a cru devoir rétablir cet article « dans son Contre-projet. »

A la page 21, il revient encore sur ce fameux article

La réponse est bien facile à faire.

1º Il est impossible qu'un Président ou un Syndic exclu d'une Société puisse faire partie du Gd Conseil, puisqu'il faut être forcément Président ou Syndic pour être dans l'Administration, c'est une vérité de Mr de la Palisse, et le Président-rapporteur est devenu naïf, seulement pour les besoins de sa cause

2° Un Président ou un Syndic qui se trouverait dans un des cas d'exclusion prévus par les règlements des Sociétés, étant membre du Gd Conseil, ne pourra plus en faire partie, puisqu'il aurait perdu la qualité de Président ou de Syndic.

L'Article 97 dont parle le Président-rapporteur était donc une superfétation et un non-sens. C'est pour cela qu'il a été omis dans le projet de la Commission.

L'argument employé est donc sans force, mais de plus il est perfide, et à ce titre nous le livrons à la méditation de ceux qui liront notre réponse.

Nous devons enfin rectifier une erreur commise par le Président-rapporteur, quand il prétend que Mr Chataud, Candidat proposé à la Présidence, par l'opposition, ne réunissait pas les Conditions voulues, en ce sens qu'il n'était pas Syndic. Sur ce point, voici ce qui s'est passé.

L'honorable Mr Chataud a été nommé Syndic de la Société de St Paul par une délibération de l'Assemblée Générale du 8 Juin 1875. Cette délibération a été notifiée à Mr le Président du Gd Conseil, conformément au Règlement. Si, postérieurement à cette nomination, Mr Baumel, ancien Syndic, a signé une délibération du Conseil d'Administration relative au retrait d'un Livret de la Caisse d'Epargne, il n'a pu le faire que comme Syndic honoraire et par une condescendance de bureau qui a voulu lui rendre hommage en lui donnant ce titre. Peu importe que Mr Baumel ait oublié de prendre la qualité de Syndic honoraire. Il est certain qu'il n'était plus Syndic quand il a signé la délibération dont il est parlé ci-dessus et que Mr Chataud n'avait pas renoncé à ses fonctions. Ce qui prouve d'ailleurs qu'il en est ainsi et que l'Administration est de cet avis, c'est que Mr Chataud a été convoqué à l'Assemblée Générale du 27 février et que son vote a été reçu par Mr le Président. On lui a aussi envoyé la Brochure en question, à la vérité, on lui a donné sur l'enveloppe sa qualité professionnelle, au lieu de lui donner celle de Syndic. C'est une petite habileté qui ne saurait détruire la première appréciation faite par le Conseil d'Administration. Nous tenions à éclairer les Sociétaires sur cet incident auquel le bureau a donné une certaine importance et que nous considérons comme puéril.

Nous avons enfin terminé notre réplique qui est beaucoup moins longue que le plaidoyer de notre adversaire

Il faut espérer qu'elle produira de l'effet sur l'esprit des Sociétaires et peut être même sur les déterminations de l'Administration du Grand Conseil.

Il serait temps que ces luttes passionnées et irritantes prissent fin, et que tous réunis dans des idées d'apaisement et de concorde, nous puissions consolider l'institution qui nous est si chère et en faire la sauvegarde et la protectrice de la mutualité. Ceux qui ne le voudront pas assument une grande responsabilité.

Germain, Chastoul, Dol, Bernard, Reybaud, Mallet, Rougier, Sabathier, Lefort, Dephilippis, Hermellin, Wind, Bonnet, Fiastre, Merle, Bourrelly et Bance.

tous Membres de la Commission de révision du Règlement



Imp. Lith.que et Autog.que A. Wind Pl. St Michel 25 Marseille

www.ingramcontent.com/pod-product-compliance
Lightning Source LLC
LaVergne TN
LVHW012015170826
845678LV00004BA/1502

*9782329621760*